AF202712

Häuptling Seattle

Wir sind ein Teil der Erde

Wir sind ein Teil der Erde

Die Rede des Häuptlings Seattle an den Präsidenten der Vereinigten Staaten von Amerika im Jahre 1855

Patmos Verlag

Der Staat Washington, im Nordwesten
der USA, war die Heimat der Duwamish, eines Volkes, das sich – wie
alle Indianer – als einen Teil der Natur
betrachtete, ihr Respekt und Ehr-
erbietung erwies und seit Generationen
mit ihr in Harmonie lebte.
Im Jahre 1855 machte der 14. Präsident
der Vereinigten Staaten, der Demokrat
Franklin Pierce, den Duwamish das
Angebot, ihr Land weißen Siedlern zu
verkaufen; sie selbst sollten in ein
Reservat ziehen.

Die Indianer verstanden das nicht. Wie kann man Land kaufen und verkaufen? Nach ihrer Vorstellung kann der Mensch die Erde nicht besitzen, so wenig, wie er den Himmel, die Frische der Luft oder das Glitzern des Wassers besitzen kann.

Chief Seattle, der Häuptling der Duwamish, antwortete dem »großen Häuptling der Weißen« auf dessen Angebot mit einer Rede, deren Weisheit, Kritik und bescheidene Hoffnung uns heute, über 150 Jahre später, mehr denn je betrifft und betroffen macht.

»Meine Worte sind wie Sterne, sie
gehen nicht unter«, sagte Chief Seattle.

Sein Volk hat nicht überlebt,
seine Worte wurden nicht gehört.
Werden wir sie hören?
Werden wir überleben?

Die Rede

10   Der große Häuptling in Washington
sendet Nachricht, dass er unser Land
zu kaufen wünscht.

Der große Häuptling sendet uns auch
Worte der Freundschaft und des guten
Willens. Das ist freundlich von ihm,
denn wir wissen, er bedarf unserer
Freundschaft nicht.

12 Aber wir werden sein Angebot bedenken, denn wir wissen – wenn
wir nicht verkaufen – kommt vielleicht
der weiße Mann mit Gewehren und
nimmt sich unser Land. Wie kann man
den Himmel kaufen oder verkaufen –
oder die Wärme der Erde?

Diese Vorstellung ist uns fremd.
Wenn wir die Frische der Luft und das
Glitzern des Wassers nicht besitzen –
wie könnt Ihr sie von uns kaufen? Wir
werden unsere Entscheidung treffen.

Was Häuptling Seattle sagt, darauf
kann sich der große Häuptling in
Washington verlassen, so sicher wie
sich unser weißer Bruder auf die
Wiederkehr der Jahreszeiten verlassen
kann.

14 Meine Worte sind wie die Sterne,
sie gehen nicht unter.
Jeder Teil dieser Erde ist meinem
Volk heilig,
jede glitzernde Tannennadel,
jeder sandige Strand,
jeder Nebel in den dunklen Wäldern,
jede Lichtung,
jedes summende Insekt ist heilig,
in den Gedanken und Erfahrungen
meines Volkes. Der Saft, der in den
Bäumen steigt, trägt die Erinnerung des
roten Mannes.

16 Die Toten der Weißen vergessen das Land ihrer Geburt, wenn sie fortgehen, um unter den Sternen zu wandeln. Unsere Toten vergessen diese wunderbare Erde nie, denn sie ist des roten Mannes Mutter.

Wir sind ein Teil der Erde und sie ist ein Teil von uns.

Die duftenden Blumen sind unsere
Schwestern, die Rehe, das Pferd, der
große Adler – sind unsere Brüder.
Die felsigen Höhen, die saftigen Wiesen,
die Körperwärme des Ponys – und des
Menschen – sie alle gehören zur
gleichen Familie.

18   Wenn also der große Häuptling in
      Washington uns Nachricht sendet,
      dass er unser Land zu kaufen gedenkt –
      so verlangt er viel von uns.

Der große Häuptling teilt uns mit,
dass er uns einen Platz gibt, wo wir
angenehm und für uns leben können.
Er wird unser Vater und wir werden
seine Kinder sein. Aber kann das jemals
sein? Gott liebt Euer Volk und hat
seine roten Kinder verlassen. Er schickt
Maschinen, um dem weißen Mann bei
seiner Arbeit zu helfen, und baut große
Dörfer für ihn. Er macht Euer Volk
stärker, Tag für Tag. Bald werdet Ihr das
Land überfluten wie Flüsse, die die
Schluchten hinabstürzen nach einem
unerwarteten Regen.

20 Mein Volk ist wie eine ablaufende Flut – aber ohne Wiederkehr. Nein, wir sind verschiedene Rassen. Unsere Kinder spielen nicht zusammen und unsere Alten erzählen nicht die gleichen Geschichten. Gott ist Euch gut gesinnt und wir sind Waisen. Wir werden Euer Angebot, unser Land zu kaufen, bedenken. Das wird nicht leicht sein, denn dieses Land ist uns heilig.

22 Wir erfreuen uns an diesen Wäldern.
Ich weiß nicht – unsere Art ist anders
als die Eure.

Glänzendes Wasser, das sich in Bächen
und Flüssen bewegt, ist nicht nur
Wasser – sondern das Blut unserer
Vorfahren. Wenn wir Euch das Land
verkaufen, müsst Ihr wissen, dass es
heilig ist, und Eure Kinder lehren, dass
es heilig ist und dass jede flüchtige
Spiegelung im klaren Wasser der Seen
von Ereignissen und Überlieferungen
aus dem Leben meines Volkes erzählt.

24 Das Murmeln des Wassers ist die Stimme meiner Vorväter. Die Flüsse sind unsere Brüder – sie stillen unseren Durst. Die Flüsse tragen unsere Kanus und nähren unsere Kinder.

Wenn wir unser Land verkaufen, so müsst Ihr Euch daran erinnern und Eure Kinder lehren: Die Flüsse sind unsere Brüder – und Eure – und Ihr müsst von nun an den Flüssen Eure Güte geben, so wie jedem anderen Bruder auch.

26 Der rote Mann zog sich immer zurück vor dem eindringenden weißen Mann – so wie der Frühnebel in den Bergen vor der Morgensonne weicht. Aber die Asche unserer Väter ist heilig, ihre Gräber sind geweihter Boden, und so sind diese Hügel, diese Bäume, dieser Teil der Erde uns geweiht.

28 Wir wissen, dass der weiße Mann
    unsere Art nicht versteht. Ein Teil
    des Landes ist ihm gleich jedem
    anderen, denn er ist ein Fremder, der
    kommt in der Nacht und nimmt von
    der Erde, was immer er braucht.

Die Erde ist nicht sein Bruder, sondern
sein Feind, und wenn er sie erobert hat,
schreitet er weiter. Er lässt die Gräber
seiner Väter zurück – und kümmert
sich nicht. Er stiehlt die Erde von
seinen Kindern – und kümmert sich
nicht. Seiner Väter Gräber und seiner
Kinder Geburtsrecht sind vergessen.
Er behandelt seine Mutter, die Erde,
und seinen Bruder, den Himmel, wie
Dinge zum Kaufen und Plündern, zum
Verkaufen wie Schafe oder glänzende
Perlen. Sein Hunger wird die Erde
verschlingen und nichts zurücklassen
als eine Wüste.

30 Ich weiß nicht – unsere Art ist anders als die Eure. Der Anblick Eurer Städte schmerzt die Augen des roten Mannes. Vielleicht, weil der rote Mann ein Wilder ist und nicht versteht.
Es gibt keine Stille in den Städten der Weißen. Keinen Ort, um das Entfalten der Blätter im Frühling zu hören oder das Summen der Insekten.

Aber vielleicht nur deshalb, weil ich
ein Wilder bin und nicht verstehe. Das
Geklappere scheint unsere Ohren nur
zu beleidigen. Was gibt es schon im
Leben, wenn man nicht den einsamen
Schrei des Ziegenmelkervogels hören
kann oder das Gestreite der Frösche
am Teich bei Nacht?

Ich bin ein roter Mann und verstehe
das nicht.

Der Indianer mag das sanfte Geräusch des Windes, der über eine Teichfläche streicht – und den Geruch des Windes, gereinigt vom Mittagsregen oder schwer vom Duft der Kiefern.
Die Luft ist kostbar für den roten Mann – denn alle Dinge teilen denselben Atem – das Tier, der Baum, der Mensch – sie alle teilen denselben Atem.

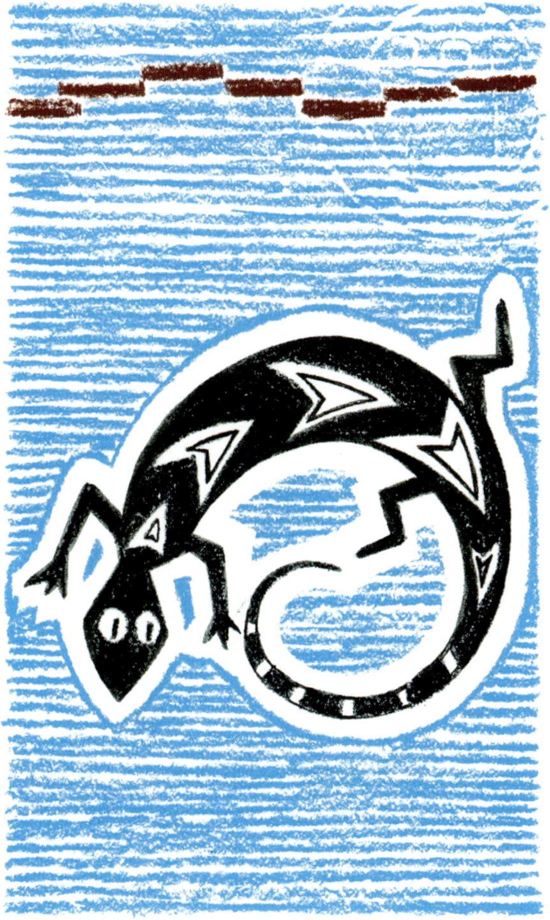

34 Der weiße Mann scheint die Luft, die er atmet, nicht zu bemerken; wie ein Mann, der seit vielen Tagen stirbt, ist er abgestumpft gegen den Gestank. Aber wenn wir Euch unser Land verkaufen, dürft Ihr nicht vergessen, dass die Luft uns kostbar ist – dass die Luft ihren Geist teilt mit all dem Leben, das sie enthält. Der Wind gab unseren Vätern den ersten Atem und empfängt ihren letzten. Und der Wind muss auch unseren Kindern den Lebensgeist geben.

Und wenn wir Euch unser Land verkaufen, so müsst Ihr es als ein beson-
deres und geweihtes schätzen, als einen
Ort, wo auch der weiße Mann spürt,
dass der Wind süß duftet von den
Wiesenblumen.

36 Das Ansinnen, unser Land zu kaufen, werden wir bedenken, und wenn wir uns entschließen anzunehmen, so nur unter einer Bedingung:

Der weiße Mann muss die Tiere des Landes behandeln wie seine Brüder. Ich bin ein Wilder und verstehe es nicht anders.

Ich habe tausend verrottende Büffel gesehen – vom weißen Mann zurückgelassen – erschossen aus einem vorüberfahrenden Zug.

Ich bin ein Wilder und kann nicht verstehen, wie das qualmende Eisenpferd wichtiger sein soll als der Büffel, den wir nur töten, um am Leben zu bleiben. Was ist der Mensch ohne die Tiere? Wären alle Tiere fort, so stürbe der Mensch an großer Einsamkeit des Geistes. Was immer den Tieren geschieht – geschieht bald auch den Menschen.

38 Alle Dinge sind miteinander verbunden. Was die Erde befällt, befällt auch die Söhne der Erde. Ihr müsst Eure Kinder lehren, dass der Boden unter ihren Füßen die Asche unserer Großväter ist. Damit sie das Land achten, erzählt ihnen, dass die Erde erfüllt ist von den Seelen unserer Vorfahren.

40 Lehrt Eure Kinder, was wir unsere Kinder lehren: Die Erde ist unsere Mutter. Was die Erde befällt, befällt auch die Söhne der Erde. Wenn Menschen auf die Erde spucken, bespeien sie sich selbst.

Denn das wissen wir, die Erde gehört
nicht den Menschen, der Mensch
gehört zur Erde – das wissen wir. Alles
ist miteinander verbunden, wie das Blut,
das eine Familie vereint. Alles ist
verbunden. Was die Erde befällt, befällt
auch die Söhne der Erde.

42 Der Mensch schuf nicht das Gewebe
    des Lebens, er ist darin nur eine Faser.
    Was immer Ihr dem Gewebe antut, das
    tut Ihr Euch selber an. Nein, Tag und
    Nacht können nicht zusammenleben.
    Unsere Toten leben fort in den süßen
    Flüssen der Erde, kehren wieder mit des
    Frühlings leisem Schritt, und es ist ihre
    Seele in dem Wind, der die Oberfläche
    der Teiche kräuselt.

Das Ansinnen des weißen Mannes,
unser Land zu kaufen, werden wir bedenken. Aber mein Volk fragt, was
will denn der weiße Mann? Wie kann
man den Himmel oder die Wärme der
Erde kaufen – oder die Schnelligkeit
der Antilope?

44 Wie können wir Euch diese Dinge verkaufen – und wie könnt Ihr sie kaufen? Könnt Ihr denn mit der Erde tun, was Ihr wollt – nur weil der rote Mann ein Stück Papier unterzeichnet – und es dem weißen Manne gibt? Wenn wir nicht die Frische der Luft und das Glitzern des Wassers besitzen – wie könnt Ihr sie von uns kaufen? Könnt Ihr die Büffel zurückkaufen, wenn der letzte getötet ist?

46 Wir werden Euer Angebot bedenken.
Wir wissen, wenn wir nicht verkaufen,
kommt wahrscheinlich der weiße Mann
mit Waffen und nimmt sich unser Land.

Aber wir sind Wilde.

Der weiße Mann, vorübergehend im
Besitz der Macht, glaubt, er sei schon
Gott – dem die Erde gehört. Wie kann
ein Mensch seine Mutter besitzen?

48   Wir werden Euer Angebot, unser Land zu kaufen, bedenken, Tag und Nacht können nicht zusammenleben – wir werden Euer Angebot bedenken, in das Reservat zu gehen. Wir werden abseits und in Frieden leben. Es ist unwichtig, wo wir den Rest unserer Tage verbringen. Unsere Kinder sahen ihre Väter gedemütigt und besiegt. Unsere Krieger wurden beschämt. Nach Niederlagen verbringen sie ihre Tage müßig – vergiften ihren Körper mit süßer Speise und starkem Trunk.

50   Es ist unwichtig, wo wir den Rest
      unserer Tage verbringen. Es sind nicht
      mehr viele. Noch wenige Stunden, ein
      paar Winter – und kein Kind der
      großen Stämme, die einst in diesem
      Land lebten oder jetzt in kleinen
      Gruppen durch die Wälder streifen,
      wird mehr übrig sein, um an den
      Gräbern eines Volkes zu trauern –
      das einst so stark und voller Hoffnung
      war wie das Eure. Aber warum soll
      ich trauern über den Untergang
      meines Volkes, Völker bestehen aus
      Menschen – nichts anderem.

Menschen kommen und gehen wie die
Wellen im Meer. Selbst der weiße
Mann, dessen Gott mit ihm wandelt
und redet wie Freund zu Freund, kann
der gemeinsamen Bestimmung nicht
entgehen.
Vielleicht sind wir doch – Brüder.
Wir werden sehen.

52 Eines wissen wir, was der weiße Mann vielleicht eines Tages erst entdeckt – unser Gott ist derselbe Gott.

Ihr denkt vielleicht, dass Ihr ihn besitzt – so wie Ihr unser Land zu besitzen trachtet – aber das könnt Ihr nicht.

54   Er ist der Gott der Menschen – gleichermaßen der Roten und der Weißen. Dies Land ist ihm wertvoll – und die Erde verletzen heißt ihren Schöpfer verachten.

Auch die Weißen werden vergehen,
eher vielleicht als alle anderen Stämme.
Fahret fort, Euer Bett zu verseuchen,
und eines Nachts werdet Ihr im
eigenen Abfall ersticken.
Aber in Eurem Untergang werdet ihr
hell strahlen – angefeuert von der
Stärke des Gottes, der Euch in dieses
Land brachte – und Euch bestimmte,
über dieses Land und den roten Mann
zu herrschen.
Diese Bestimmung ist uns ein Rätsel.

56 Wenn die Büffel alle geschlachtet
sind – die wilden Pferde gezähmt –
die heimlichen Winkel des Waldes
schwer vom Geruch vieler Menschen –
und der Anblick reifer Hügel ge-
schändet von redenden Drähten – wo
ist das Dickicht – fort, wo der Adler –
fort, und was bedeutet es, Lebewohl
zu sagen dem schnellen Pony und der
Jagd:
Das Ende des Lebens – und den Beginn
des Überlebens.

Gott gab Euch Herrschaft über die
Tiere, die Wälder und den roten Mann
aus einem besonderen Grund – doch
dieser Grund ist uns ein Rätsel.
Vielleicht könnten wir es verstehen,
wenn wir wüssten, wovon der weiße
Mann träumt – welche Hoffnungen
er seinen Kindern an langen Winter-
abenden schildert – und welche
Visionen er in ihre Vorstellungen
brennt, so dass sie sich nach einem
Morgen sehnen.

58 Aber wir sind Wilde – die Träume des weißen Mannes sind uns verborgen. Und weil sie uns verborgen sind, werden wir unsere eigenen Wege gehen. Denn vor allem schätzen wir das Recht eines jeden Menschen, so zu leben, wie er selber es wünscht – gleich wie verschieden von seinen Brüdern er ist. Das ist nicht viel, was uns verbindet.

60 Wir werden Euer Angebot bedenken.
Wenn wir zustimmen, so nur, um
das Reservat zu sichern, das ihr ver-
sprochen habt. Dort vielleicht können
wir unsere kurzen Tage auf unsere
Weise verbringen.

Wenn der letzte rote Mann von dieser
Erde gewichen ist und sein Gedächtnis
nur noch der Schatten einer Wolke
über der Prärie, wird immer noch der
Geist meiner Väter in diesen Ufern
und diesen Wäldern lebendig sein.
Denn sie liebten diese Erde, wie das
Neugeborene den Herzschlag seiner
Mutter. Wenn wir Euch unser Land
verkaufen, liebt es, so wie wir es liebten,
kümmert Euch, so wie wir uns
kümmerten, behaltet die Erinnerung
an das Land, so wie es ist, wenn Ihr es
nehmt.

62 Und mit all Eurer Stärke, Eurem Geist, Eurem Herzen, erhaltet es für Eure Kinder und liebt es – so wie Gott uns alle liebt.

Denn eines wissen wir – unser Gott ist derselbe Gott. Diese Erde ist ihm heilig. Selbst der weiße Mann kann der gemeinsamen Bestimmung nicht entgehen.

Vielleicht sind wir doch – Brüder.

Wir werden sehen.

Der Wortlaut dieser Ausgabe basiert auf dem Text zum amerikanischen Dokumentarfilm »Home«, dessen deutschsprachige Version die Landeszentrale für politische Bildung im Auftrag des Ministeriums für Wissenschaft und Forschung des Landes Nordrhein-Westfalen verleiht und dem die Rede des Häuptlings Seattle zugrunde liegt. Die Übersetzung besorgte die Dedo Weigert Film GmbH, München.

Die Verlagsgruppe Patmos ist sich ihrer Verantwortung gegenüber unserer Umwelt bewusst. Wir folgen dem Prinzip der Nachhaltigkeit und streben den Einklang von wirtschaftlicher Entwicklung, sozialer Sicherheit und Erhaltung unserer natürlichen Lebensgrundlagen an. Näheres zur Nachhaltigkeitsstrategie der Verlagsgruppe Patmos auf unserer Website www.verlagsgruppe-patmos.de/nachhaltig-gut-leben.

7. Auflage 2024
Alle Rechte vorbehalten
© 2010 Patmos Verlag der Schwabenverlag AG, Ostfildern
www.verlagsgruppe-patmos.de
Neuausgabe des 1982 im Walter Verlag erschienenen gleichnamigen Titels.
Umschlaggestaltung: Finken & Bumiller, Stuttgart
unter Verwendung einer Illustration von Joëlle Lanoë
© Illustrationen: Joëlle Lanoë
Druck: Finidr s.r.o., Český Těšín
Hergestellt in Tschechien
ISBN 978-3-8436-0041-5